Wer die Feder versteht – kann fliegen

AF272133

Geboren in Ottendorf, Thüringen, Gymnasium in Jena, Soldat, Studium in Jena und Wien. Germanistik, Philosophie, Theaterwissenschaften. Schauspielschule in Weimar, promoviert.

Von 1945-48 Chefdramaturg, Spielleiter und Schauspieler am Stadttheater Jena. In gleicher Position von 1948-50 an der Bühne Erfurt. Nach seiner Flucht nach Westberlin ist er dort Dramaturg an der Tribüne und geht 1952 für zehn Jahre als Dramaturg an das Berliner Schillertheater, anschliessend als Stellvertretender Chefdramaturg und später als Redaktionsleiter ,Fernsehspiel und Film' zum ZDF, bis er ab 1980 ganz als freier Schriftsteller arbeitet.

BÜHNENWERKE
1951 „Perspektiven", Uraufführung Tribüne Berlin
1955 „ – und will sie durchs Feuer führen", Hebbel Theater Berlin
1956 „Das grosse Verhör", Uraufführung Theater Iserlohn
1981 „Der Mann auf dem Sockel", Uraufführung, Mainz
1981 „Tilmann Riemenschneider", Festspiel zum 450. Todestag
        von Riemenschneider, Uraufführung, Würzburg
1990 „Die Dornenkrone hab ich mir geflochten", Schauspiel,
        Uraufführung Ernst-Deutsch-Theater, Hamburg
1998 „Klaas Störtebeker - Eine Piratenrevue", Musical, Husum

ROMANE
1972 „Nur ein einziger Tag", Verlag Molden, Wien
1977 „Die Anstalt bedauert", Verlag Molden, Wien
1982 als Taschenbuch „Das Fernsehen bedauert", Herbig
1993 „Korruption", Verlag Hoffman&Campe, Hamburg
1999 „Die schier unglaublichen Erlebnisse des Soldaten EWIG
        Fernsing", Tetens Verlag, Husum

ERZÄHLUNGEN
1986 „Und es begab sich zu dieser Zeit", Herbig, München
1987 „Westerhever Balladen", Tetens Verlag, Husum
1991 „Unser Dach ist der Himmel", Tetens Verlag, Husum
1992 „Splitter", Tetens Verlag, Husum
2000 „Weinquartett", Tetens Verlag, Husum

LYRIK
1988 „Fischgedichte", Tetens Verlag, Husum

HÖRSPIELE
aus der grossen Zahl für den NWDR, den SFB und den RIAS Berlin seien erwähnt; „Übermorgen Regen", „Der schwarze Schwan" und „Gedanken im Kreise".

Wer die Feder kennt – kann fliegen

von

JOACHIM TETTENBORN

Tetens Verlag

ISBN 3-924989-11-7

Alle Rechte vorbehalten
Copyright 2002 Bernd Tetens Verlag, Husum
Umschlagfoto: Peter Eigler
Herstellung und Vertrieb: Books on Demand GmbH, Norderstedt
Printed in Germany

Mit diesem Gedichtband
will ich kein Thema oder
einen Themenkreis umstellen.
Ich will einen bunten
Strauss hinhalten.

Für Gisela

Durch Glas bin ich nie geflogen,
sagte der Vogel.
Ich habe die Wand erkannt,
die durchsichtige,
die Grenzen, die listigen,
sagte der Vogel.
Und ich weiss, dass ich meine Flügel
nur spreiten darf
in den Grenzen, den gesetzten,
den durchsichtigen, die niemand sieht,
der nicht fliegen muss,
weil er keine Flügel hat.

        Da ist der Käfig, der gewohnte –
        die Wände aus gefrorner Luft
        in der gegebenen Freiheit.

Ich habe die Wand erkannt, die durchsichtige,
sagte der Vogel.

Durch Glas bin ich nie geflogen,
sagte der Vogel
und setzte sich nieder.

Da wurde er ins Traumboot gezwungen
ins schwarze –
und die Schmerzen waren seine Ruder –
Da wurden die Fahnen gehisst
der Verzweiflungschreie –
und der Hafen so fern –
Die schwarzen Engel
wehten den Wind – hin zum Ziel –
Und eine Stimme darüber:
„Du musst einsam werden
wie nichts in dieser Welt,
um gemeinsam zu werden –
wie nichts in dieser Welt"

Wenn Gott sich niedersetzt
Zum Spiel mit seinen Sternen –
          der Einsatz in das ungesetzte ‚uns' –
zum Spiel mit dem Unendlichen
der Lichteffekte
und den Berührungen, die niemand zählt –
nur so – zum ‚hin' und ‚ob' –
die Lust, das Glück, verlieren und gewinnen
zum Spass geworfen in die schmale Welt –
Wenn Gott sich niedersetzt
zum Spiel mit seinen Sternen –
ein Lächeln – tränenleicht –
Wenn ich nur wüsste
          was da spielt
                    so fern von mir

Reiss sie auf – die zugedeckte Welt –
Lös sie aus der Verpackung zum Geschenk –
Und wenn die Hand, die ihre Schnüre löst –
nur einmal sichtbar wird für einen Augenblick –
dann war ich einmal draussen
aus dieser fest verschnürten Welt –

        wie seltsam muss das sein - -
           ob man noch lebt – danach - -

Kurzschrift des Inferno

Der Himmel schliesst die Türen zu.
Das schwarze Meer umflutet seine Pforten.
Kein Windhauch bringt die schwarze Flut
zum Schwingen –
Kein Stern setzt Zeichen in die
schwarze Nacht –
Kein Ton, kein Hall im lautlos
schwarzen Sein –
            Der Himmel schloss die Pforten zu.
Nun treiben sie dahin, die armen Seelen –
und nicht einmal ihr grell gesetzter Schrei
erreicht die aufgerissenen, entsetzten Münder.
            Der Himmel schloss die Pforten zu.

„Bitte aussteigen", sagte der Tod
zu dem Mann –
      und sein Atem stockte –
„Endstation!" – ein scheppernder Lautsprecher –
      und seine Haut wurde kalt –
Das Gepäck lud niemand aus.
„Es wird hier nicht gebraucht",
sagte der schwarze Zollkontrolleur
und fasste ihm in's Herz,
um zu sehen, was er schmuggeln wollte –
über die Grenze – die letzte –
Und dann wurde er gemessen und gewogen
von den schwarzen Engeln in weissen Kitteln
für den Pass, der nichts mehr zählt –
      und sein Herz stand still –
„Geh nun dahin" –
           und er ging –

Nun –
      bedenklich steh ich hier –
nun bin ich arriviert –
nun bin ich angekommen –
      bedenklich steh ich hier.
Wo steh ich hier?
Wo bin ich angekommen? –
      bedenklich steh ich hier.
Die nächste Wendung wird die Richtung zeigen –
Ich brauche nur den Fuss zu heben –
Die nächste Wendung wird die Richtung zeigen.
Und dann - - ?
Nun bin ich arriviert –
nun bin ich angekommen –
      bedenklich steh ich hier.

Spiegelreflektion

Du –
    mein Gesicht –
Du –
    meine Sicht von mir –
Du Fleischausstellung von mir
Du Seelenverkaufsstand,
Was verkaufst Du mir von mir?

        Nur ratlose Augen,
        einen Mund
        halbgeöffnet zum Wort –
        zum unvollendeten,
        denn es ist nichts zu sagen,
        nichts zu einer Antwort

Du –
    mein Gesicht –
Du –
    meine Sicht vor mir,
Du Fleischausstellung von mir –
Du Seelenverkaufsstand –
Was verkaufst Du mir von mir?

Nach oben gedacht

Du verschliesst die Ewigkeit und ihr Wissen
vor meinen Augen und Ohren.
Blind und taub stehe ich in Deiner Welt,
Deinem Gelächter hingegeben –
Hilflos fast – nicht ganz –
denn sonst wäre der Spass nur halb so gross,
der göttliche –
Hilflos – fast – stolpere ich
über die Hindernisse, die gegebenen,
die vollkommen gesetzten –
Mit dem Arsch auf den Steinen
und mit der Stirn an die Mauern –
Ein neuer Clown hingesetzt auf den Weg
zum Vergnügungsgelächter der Ewigen,
der Vollkommenen –
Lass meine blutige, zerschrammte Hand
zeichnen ein Wort –
ein Wort aus der Verzweiflung
          ICH LIEBE DICH
denn in der Armut, der entsetzlichen –
ist nichts ausser Dir –
Lacht, lacht in der Loge, ihr Vollkommenen –
Ich sterbe –
          mit der Sehnsucht auf eine Hoffnung,
die Du als runden Spielball
geworfen hast in unsere lautlose Finsternis
zum Spass für die Verkrüppelten –
          ICH DANKE DIR

Du tötest mich nicht, mein Leben!
Rasiermesserscharf gerichtet die Spitze
auf mich.
Ich weiche nicht zurück –
millimeternahe meiner verletzlichen Haut,
meinem zuckenden Leibe.
Ich stehe hier und ich habe es gewagt.
Ich weiche nicht zurück.
Du tötest mich nicht, mein Leben.
Schreien werde ich – laut und grell –
meine ganze Seele gesetzt in einen Schrei –
Das, ja – das werde ich –
Nur –
        ich weiche nicht zurück –
Du tötest mich nicht, mein Leben.

Ich habe soviel Spass gehabt.
Nun sage ich ‚Danke' für das Lächelkräuseln,
das mir blieb.
Ich habe gelacht vor etwas,
was mir nicht geschenkt wurde –
Nun halte ich meine leeren Hände hin –
wie zum Gebet.
„Wie machst Du das, mein Vater?
Ich dachte, die Folter wäre abgeschafft
unter Dir" –
Ich habe so viel Spass gehabt.
Nun sage ich ‚Danke' für das Lächelkräuseln,
das mir blieb.

„Auf, auf zum fröhlichen Jagen" –
Die Fuchsjagd steht an.
Die Pferde und Festfräcke der Jäger,
die Pfoten und Schnüffelnasen der Hounds –
Sie werden Dich aus dem Bau jagen
zur Lust.
Und Du –
          gehetzt um Dein Leben –
wirst Grund sein zum Umtrunk der Jäger.
Deine Angst ist ihre Lust.
Und sie werden es erbeuten Dein Fell
und Dein Gesicht wird darin sein –

Mein Gott, warum hast Du nicht mein Fell
an ihre Wand genagelt –
bevor ich fliehen musste um mein Leben?

Ein Kinderlied

Murre meine Seele
Murre mein Ich
Gott ist der Bäcker
und das Brötchen
das bin ich.

Schärfe Deine Zähne,
denn jetzt komme ich –
Dir bin ich gegeben,
Dir und Deinem Biss.
Nimm die Marmelade,
stopf mich in den Schlund,
beiss in meine Rinde,
denn ich bin Dein Kind.

Fressen und gefressen werden
ist das höchste Glück auf Erden.

Mach mich zur Sau,
damit ich zugehöre endlich
dem Dreckstall, dem stinkenden,
der errichtet wurde für mich
mit dem ersten Schrei meines Lebens.
Lasst mich grunzen mein Gedicht
über die Schönheit des Lebendigen
und verwandelt meinen stammelnden Mund
zu einem Rüssel der Trogtiere.
Lasst mich den Abfall fressen der Welt
und mich den Lobpreis grunzen den Gesättigten.
Und nehmt mir die Hoffnung nicht
auf meinen Metzger,
der mich schächten wird
für die Geniesser von Schweinefleisch.
Der Tod eines Schweins
ist ein Schlachtfest wert!

Viel Angst ist da,
wenn man nachdenkt.
Da will die Wand etwas vor Dir
und die Fenster,
das Licht der Lampe interpretiert
Dir den Tisch und die Stühle.
Und Deine Hand –
sie gehört Dir nicht mehr.
Deine Augen werden Suchscheinwerfer.
Und der Boden und die Decke Deines Zimmers
sind gegen den Zweck gerichtet,
dem sie dienen sollten.
Und Du selbst darin –
mit Händen und Augen –
bist eine Frage an Dich –
Nur eine Antwort – eine stimmende
geben sie Dir nicht
die Wände, die Lampen, der Tisch
und die Stühle, Deine Hand,
der Boden, die Decke und Du darin.
Viel Angst ist da,
           wenn man nachdenkt.

In der Finsternis ist nichts zu sehen.
Da bist Du allein mit Dir.
Dann spiele mit bunten Gedanken
und reiss die Augen auf
in der Hoffnung, dass ein Lichtschimmer
kommt – von aussen.
Mach Dich froh mit heiteren Spielen.
Pling – Plong und Klack im schwarzen Meer.
Das Licht wird kommen –

                    Das Licht wird kommen!
Grenzenlos – grenzenlos ist die Nacht.
„Sing ein biss'l –

             sing ein biss'l" –
Das Licht wird kommen –
Grenzenlos – grenzenlos
ist die Nacht.

Mach mich zu mir, mein Gott.
Erwecke das Fremde zum Vertrauten.
Wenn ich ‚Ich' zur mir sage,
so fehlt mir das ‚Du' zum mir.
Mein ‚Ich' ist nur
das verstolperte Wissen vom ‚mir'.
Ich weiss, dass ich bin, aber es fehlt mir
das Vertrauen zum ‚mir'.
Besessen vom ‚Ich' – bin ich
doch kein Besitzer von mir.
Eine Seele geworfen
                    in das Fing-Fang des Seins –
Gib –
        oh, gib mir die göttliche Distanz des ‚Du' –
damit ich wissend einbringen darf
mein ‚Ich' –
in die Harmonie der Erkenntnis.

        AMEN

Sag nicht ‚Nein', wenn ich
‚Ja' sagen will –
Die Konfrontation ist sinnlos.
Gott hat mit mir telefoniert –
„Man kann es verwechseln."

Das Himmels-Theater
ist heut Nacht eröffnet.
Der Mond tritt auf
in seiner gelben Toga
und das Ballett der Sterne
glitzernd hell.
Strip-Tease ist angesagt,
denn der Herrgott ist auf Reisen.
Verstohlen schleichen sich die Engel an.
der Mond geht auf
in seiner gelben Toga –
dann lässt er seinen gelben Schleier fallen –
und steht blank und nackt
vor den erwartungsvollen Engeln.
Der liebe Gott steht fern
und lächelt hin
zum blanken, nackten Mond –
„Die Sünde ist nur bei den
Vorwurfsvollen, die im Nackten
eine Sünde seh'n"
Das Himmelssplitterglitzer-Eintrittsgeld
der leicht verschämten Engel,
kassiert der Petrus
für den lieben Gott,
um die Himmelspforte
neu zu ölen,
damit die hoffnungsvollen
neuen Seelen,
die zu erwarten sind
von denen die Gestorben,
nicht zu erschreckt sind
beim ersten Schritt in's Paradies - -

Ich wurde gesetzt eines Tages
hinter alle Sonnen,
Monde, Sterne und
Galaxien –
in die Nacht, die absolute,
die grenzenlos ist.
Da hielt ich mich fest an mir,
in meiner Angst
der grenzenlosen.
Und die Astronomen sagten:
Da ist ein neuer Stern geboren
im Grenzenlosen

Ich lege mein Gesicht in den Kelch Deiner Hände
mit geschlossenen Augen –
umfasst nun ganz und gar –
hingegeben –
ohne Angst und Arg –
D I R –
zu verlieren mich in dem ,DU' Deiner Liebe.
Doch eine Haut ist gespannt
zwischen Dir und mir –
ganz ohne Hoffnung.
Und im Sterben erst ist das Spreiten der Schere
und ihr Zuklappen zum Schnitt –
                              dem ersehnten W I R.
Ich lege mein Gesicht in den Kelch des Todes –
mit geschlossenen Augen –
umfasst nun ganz und gar –
hingegeben –
ohne Angst und Arg –
Vergib mir, Geliebte, dass ich den Tod ersehne,
der uns vereint – der einzige –
                              für ewig –
Ich lege mein Gesicht in den Kelch Deiner Hände.

Ich habe den Ton der Trompete geseh'n –
hellgelb, blau – dann gellend rot –
am Munde der Entsprechung –
Die Lippen Gottes am Mundstück
zur Weltverdrehung in den Ton –
                                                    als Spiel - -
Meine Ohren sind nur primitive Trichter –
aber da klang doch was –
                                        da schwang doch was - -
Die Augen voll von Tränen –
Die Seele von Trauer beglückt –
das Unerfüllte – das Unerfüllbare - -
Trompetenklänge – sehnsuchtsunerreichbar –
Fernen in die Nähe gerückt –
                                        so schmerzvoll –
paradiesahnbar – fassbar – fast - -

Ich habe den Ton der Trompete geseh'n –
zur Weltverdrehung – in das Spiel - -

            Ist
              es
                Musik

Tulpe im Wind

Schwung der gebogenen Linie –
halbhingeneigt zur Erde das Gesicht,
oft still, wie in heiliger Verehrung stehend
und dann,
wieder erwacht aus unberührbarer Ruhe,
die Füsse schon gesetzt
für den Takt eines Tanzes.
Zuerst
        kaum merklich
                        die Seidenfinger der Musik,
dann
        auf – und niedergebogen
wollüstig – hingegeben,
vereint ganz und gar.
Zuckend, seufzend
unter den Peitschenhieben der Lust.
Und zuletzt –
                        erhitzt vom Schenkeltanz,
glührot die Wangen,
beide Backen voll des süssen Duftes,
den Mund noch einmal hingehalten zum Kuss
dem schwirrenden, summenden Tag.
Schwung der gebogenen Linie –
ganz hingeneigt nur dem glühenden Heute.
                        Oh, himmlische Geometrie!

Herbst

Der Wind geht durch den Park –
Wie Tränen fallen Blätter von den Bäumen –
Die Erde deckt sich zu.
Bald ist die Nacht - zum tiefen weissen Schlaf.
Noch sind die Bäume bunt geschmückt
zur letzten Reverenz – dem hier und dann - -
der Wind geht durch den Park –
Wie Tränen fallen Blätter von den Bäumen - -

Die Dämmerung berührt die Nacht –
und Knopf um Knopf
öffnet den Mantel sie –
die silberhellen Schliessen –

       Nun träumt die Welt

Es brennt der Wald
im Feuerlicht des Abends

Die Vögel schweigen –
es ist der letzte Atem
vor der Nacht –
Die Engel warten schon
zum Nachtchoral –
Da sind sich Tod und Leben
so nahe wie zum Kuss –
Das ist die Zeit
für ein Gebet an Gott - - -

Es brennt der Wald
im Feuerlicht des Abends - - - -

Nenn mir das Wort, das
          ‚Ewigkeit‘
ersetzt.
Nenn mir das Wort, das nicht
          ‚Zeit‘
sagt –
und Raum und Zeit wären aufgehoben
und ich wäre nicht mehr im
          ‚Hier‘
Doch dieses Zauberwort
ist verboten für
          ‚immer‘ –
nicht erreichbar für uns
Gefangene in
          ‚Raum‘ und ‚Zeit‘.

Vielleicht ist dieses Wort
          ‚Gott‘
                    vielleicht

Mein Vater, der Du bist in allem –
die Wand, das Bild, der Nagel, der es hält –
der Husten und die Masern von Yvonne –
das Licht, der Teppich, das Gewissen –
das Geld, die Hoffnung und der Tod –
die Wortverstolperungen, die Verplumpung,
die aus dem Unvermögen kommen
der Ver-Sagung.
Sie bringen die Verzweiflung an das Licht,
die Impotenz in dem potenten Leben –

Mein Vater, der Du bist in allem Leben –

Ich bin nur die Nabe
in dem Rad –
es rollt – und rollt –
ganz zielbestimmt
von einem Zweck zu was –
Vergessen längst
wohin bestellt –
es rollt – und rollt –
Da ist das Blitzende
der Engelsflügel
um die Speichen –
und das schnelle Vor –
als Phänomen –
und rückwärts
geht es auch –
Die Drehung, die Bewegung
ist das Wichtigste –

Ich bin nur die Nabe
in dem Rad –
es rollt – und rollt – und rollt –

Ab und zu ist mein Kopf beschäftigt
mit dieser Welt, die uns einnimmt –
                    unabwendbar –
Ich habe längst aufgegeben, sie zu
                    versteh'n.
Sie ist in Grenzen gesetzt für uns.
Das Gefängnis ist bunt und voller Lust
für vieles, was wir nicht wollen –
nicht wollen können – wirklich – ,
wenn wir den Durchblick hätten des Ganzen.
Wir werden geritten wie Pferde
im Rodeo des Daseins.

Wer sitzt im Circus –
                    vor der Manege?

        Prost!!!!!
    eine Wein-Antwort,
    um den Kopf einzutauchen
                    ins Vergessen

Beobachtungen

Die Schlucht der Strassen –
Asphalt von Hausmauer zu Haus –
die Autos jagen sich
mit schrillen Reifen –
„Kein Parkplatz!" –
Verzweiflungen sind relativ –
und aufgedrehte Bürger
mit Hurrah –
so laut, so hell –
die Ohren schreien –
„Wir sind doch hier!
       Wir sind doch hier!!"
Angstschreie – sie könnten
untergeh'n im Nichts –
       und dann vier Augen
       und ein Wort vielleicht –
       auf die Asphaltstrasse
       hingestellt –
       ein Kuss – und Arme
       um den Leib der Liebe –
Da ist kein Asphalt mehr
und Häusergrenzen –
       nur diese Augen und ein Kuss –

Da sind doch Menschen –
und sie wissen gar nicht,
dass sie sind –
Das sind doch Menschen.

München – Feldherrenhalle –
Stachus – Siegestor –
verströmt zu guter Zeit –
        vorbei – vorbei –
Die Schuhe glanzpoliert
mit Erdalzauberstab –

Die nackte Haut modisch
drapiert – sexeingerahmt –
Tripp – Trapp – und Klipp –
der Absatzrhythmus auf Asphalt –
wohin – woher – weshalb –
        vorbei – vorbei –
verströmt zu guter Zeit –

Stachus – Siegestor und
eine Mass mit Senf –
Da ziehen sie dahin –
einer nebenander –
emanzipierte Affen
mit dem Bla – Bla – Bla –
Das wär doch ewig,
wenn der Tod nicht wäre,
wenn der Spagat – der letzte –
nimmer käme –
Den Kopf benützt zu

allzu simplen Spielen –
die Seele ausgeknipst –
er stört bei dem Bla – Bla –
vielleicht war sie auch nur
das Trommelfell
für die Absatzmelodie
der schnellen Füsse –
    vorbei – vorbei –

   Da ist der Kontrolleur
   am andren Ufer
   und er behält
   die Pässe ein
   vom allzu dort und jetzt –
   vom Hopp und weg –
     „Asyl!! Asyl!!"
   Schreit nur
   und schreit es laut.
   Der Kontrolleur
   ist unbestechlich –

Nun seh ich hin und her –
            und ganz genau –

      Da sind doch Menschen –
      und sie wissen gar nicht,
      dass sie sind –

          vorbei – vorbei –

Die Ratten haben die Fallen aufgestellt
für die Hermeline.
                Geschäft – Geschäft –
Rattenfelle will niemand haben –
Hermelin wird gehandelt.
Gebt ihnen eine Chance zu erscheinen,
                  ihr Ratten.
Stellt die Hermelinfalle auf –

                  Rattengeschäfte!

Jochen –
        mach den Salto –
                überschlag Dich –
Setz Deinen Fuss unsicher auf das Seil –
balanciere ohne Stange –
        und natürlich ohne Netz –

Riskier den Absturz in das Manegenrund –
und wenn Du fällst –
        ist das entsetzte Lachen

        DEIN APPLAUS

Nun ist es umgeschwappt – in der Kultur.
Die Dummheit tarnt sich jetzt mit Dekadenz.
Das ist jetzt Mode – und es macht sich gut –
„Ich bin so High" – und das erwartet man –
Oh! Jesus Christus, sag ein Wort!
Die Lüge und der Unsinn – und Hoch zwei –

Sie werden's immer wieder tun –

                              gib's auf –

Manchmal hab' ich Angst vor einem Wort –
     vor irgendeinem –
Es sagt etwas in einem Satz –
             in einer Reihe vieler Worte.
Ich nehm's heraus –
Es hat die ganze Winkligkeit
     der ganzen Welt,
wenn man es wägt –
        und sieht –
           und hört –
             und weiss –

„Amen", sagte das Tier
und biss seiner Beute
den Kopf ab.
Das „Amen" der Beute
kam zu spät,
weil die Angst
seinen Rachen verstopfte.

Verzeih ihm – mein Vater!

Weißt Du wieviel Angst Dein Nachbar hat –
nur eine Wand getrennt von Dir?
Vielleicht kennt er seine Angst noch nicht.
Sag ihm „Hallo" – und mach sie ihm klar.
Das hält er bestimmt nicht aus.
Vielleicht bringt er sich dann um.
Das wäre doch die Krone für deine eigene Angst -

Leg sie in seinen Leichenwagen –
                        auf seinen Sarg - - -

Traurig sind wir alle –
aber so lustig wie gestern
war'n wir noch nie –

Geerbt! –

       und so viel Geld!

Die Gläser schepperten für einen Toten –
schon hingescharrt –

Traurig sind wir alle –
aber so lustig wie gestern
war'n wir noch nie

Dasein ist nicht genug.
Man muss auch gewesen sein.
Zähler – zähle – zähle –
und sag mir das Mass an –
ich würde es jetzt schon gerne wissen –
                              wenn's ginge –
Nur – wer zählt –
und was zählt er –
und wer hat ihn bestellt
für dass, was er bestellt hat und – wofür?
Zähler – zähle – zähle –
und sag mir das Mass –
Dasein ist nicht genug.
Man muss auch gewesen sein.
                    w e s h a l b –

Nicht ohne List ist unsere Lust
Da winden sich die Leiber
das inspirierte Fleisch
unter dem Taktstock
des unsichtbaren Dirigenten.
Nicht ohne List ist unsere Lust
Da bäumen sie sich auf
schreiend vor Beglückung –
um sich beugen zu dürfen
der Last, der raffiniert gewollten.
Die Wollustpeitsche
treibt sie stöhnend
zum Zweck – zum ungewollten –
Nicht ohne Lust ist diese List –
Da winden sich die Leiber
das inspirierte Fleisch –
Lustmarionetten – gehorchend
bedingungslos dem Taktstock –
dem unsichtbaren –
Nicht ohne List ist unsere Lust –

Na, na, na –
wo gehst Du hin
ganz allein in Deinen Schuhen?
Trägst den Körper und die Seele
und Dein Wille richtets ein –
Gehst voran zu einem Ziele
und dort soll etwas gescheh'n.
Schreitest in die Zeit von Morgen
und bewegest das, was ruht.
Du wirst etwas dort verändern
und verändern wird es Dich.

Na, na, na –
wo gehst Du hin –
ganz allein in Deinen Schuhen?

Ein Kinderlied

Schlappt das Seil, schlappt das Seil
unter meinen Füssen.
Ich springe in dem Kinderspiel –
ich spring nicht einen Fuss zuviel –
Eins und zwei –
                    eins und zwei –
über meinen Kopf geschwungen –
Schlappt das Seil, schlappt das Seil
unter meinen Füssen.
Ich hüpfe – ich hüpfe –
und ich berühr' es nicht –
Ich hüpfe – ich hüpfe –
und ich berühr' es nicht –
Alles herrlich hingespielt –
kinderperfekt hingezielt –
        TRITT NUR NICHT AUF DAS SEIL! –
dann wäre jeder Schwung vorbei –
ja, dann gäb' es zweierlei:
Das Seil ist schlapp –
das Spiel vorbei.
        TRITT NUR NICHT AUF DAS SEIL!
Schlappt das Seil, schlappt das Seil
unter meinen Füssen –

Sisyphos –
             verurteilt zum Endlosen –

Sie haben Gitter aufgestellt
neben Deiner Bahn der endlosen
zum Begaffen des Spiels,
                         die Endlichen –
zu ihrer Ergötzung - -

Die Clowns-Strasse auf und ab
                              und immer - -

Ihr Gelächter verhöhnt die Götter,
aber das wissen sie nicht, die Endlichen,
die Lacher neben Deiner Clowns-Strasse - - -

Ich seh Dich an

oh, lass mich
sprachlos bleiben
in der Zeit
und schenke Gnade mir
vor diesem Glück –

Nie werde ich ein Wort
Dir sagen können
von dem –
was mich ergriff

Ich seh Dich an

Ein bunter Vogel
ist die Liebe.
Sein Nest ist das Herz
der Liebenden
und sein Gefieder
spendet Schatten
ihrem Glück.
Sein Musizieren
ist ein Nachhall
aus dem Paradiese - - -

oh flieg zu mir
so oft
der Wind Dich trägt - - -

Albatros –
        Sturmvogel –
Spieler der Gewalten –
Wie schwingst Du Dich hin
in einem Element
vor dem alle zittern –
frei –
     hingegeben dem Schrecklichen –
sicher –
       wissend darüber –
herrlich spielend mit der Angst –
Den Sturm der Lust
unter den Flügeln –
die Furcht als wilden Segelflug – -

Schenke mir Dein Wissen
über die Angst –
damit ich fliegen kann
über die Verzweiflung –

Albatros –

Der Kreis ist die Erfüllung der Linie –
Das Unendliche ins Endliche gesetzt –
Fassbar –
        unfassbar –
               benutzbar –
zur Umgrenzung gross und klein gemacht –
Symbol des ewig Stetigen im Unstetigen –
Berechenbar im festgehaltenen Augenblick –
scheinbar – scheinbar nur –
etwas Gegebenes umkreisend
und doch Symbol des Ungegebenen, Ganzen –
Vollendung – so genau –
liniengedacht –
Ein Kreis ist die Erfüllung der Linie –
das Unendliche ins Endliche gesetzt –

Der Säufer

Von der Pulle nahm er das Papier
und sagte „Ich entkleide Dir"
Er nahm vom Korken den Verschluss
Für ihn war's wie ein Liebeskuss
Kein Wunder, dass das Blut dann wallte,
als nun der Korken endlich knallte.
Die Flasche ist nun defloriert
Die Keusche ihn zum Rausch verführt
Doch ist sie nicht von erster Wahl
wird's selbst dem Säufer dann zur Qual.

BERND WARNSTEIN
        .... kaum noch zu entziffern –
            auf dem Grabstein –

                        sehr verwittert.

    Die Zeit ist um.
    Nun wird es umgegraben –
    für neue Leiber –
    wartend auf's Vergehn.
Es wird gesagt –
                Bernd Warnstein
                war einst hochgeehrt –
und viele neigten sich vor ihm
zum Weiterkommen nach da oben hin –
    nun soll er
    eingeebnet werden –
Knapp vor den Baggergreifern
sah man im Geripe zwei Orden liegen –
gut erhalten noch –
                tief eingesunken
in die Brust, die einmal war - -
Nun verneigen sich nur noch die Baggerhände,
um ihn rauszuwerfen aus dem Bett,
das ihm gemacht war für die Ewigkeit –
Und alle, die er einmal ausgelassen
zu der Karriere, die für sie bestimmt –
sie lachen laut –
                dass seine Orden
                scheppern im Geripe - -
Es wird gesagt
            Bernd Warnstein
                    war einst hoch geehrt –

Man muss den Wahnsinn
an die Decke heben –
mit beiden Händen
über seinen Kopf,
damit das Gingi-Gangi
weitergeht –
darunter wie bisher –
Schaff Dir die Wolken
über Deinem Kopf
und hoffe auf den Blitz,
der aus dem Wahnsinn kommt –
zur blitzgeschnellten
Strasse hin –
            zum dann und wann - - -

Die Mathematiker
versuchen Gott
in Formeln zu
verkleiden.
Über die Formeln
haben sie Gott
vergessen –
und Gott sie –

übrig blieb
die Atombombe

Die Sterne berührt
und die Finger verbrannt
Brandblasen bis zum Lebensende
       Die Schreibmaschine
     nun ohne Tasten

Ein Himmel voller Sterne –
und wenn ich Dich umarme
vor diesem Himmel,
dann sind alle Sterne
in unserem Himmel.
Hörst Du den Klang –
den unverwechselbaren –
vor dort nach hier – ?
Dein Herz ist mein Himmel.
Schenke mir die Sterne
Deines Herzens - -

amen

Da war ein Vogel
               auf einem dürren Ast –
auf einem Baum,
               der gestorben war –
Er sang sein Lied
               wie an jedem Tag zuvor –
Es war ein schönes Lied
und da war eine Sehnsucht darin –
ein Klang
          von einem fernen Paradies –
Er flog zu mir –
               auf meine Hand –
und er spürte meine Liebe –
                    meine unendliche –
zu einem Menschen, den ich verlor –
Und er flog zurück
               zu dem dürren Baum
und sang m e i n Lied –

          am nächsten Tage
          waren Blüten
          an diesem Baum –
          und viele –
          bunte – leuchtende - -

Das Loch ist gemacht
in etwas, das ist.
Die Masse ist um das Loch.
Die Masse begrenzt das Loch
und das Loch die Masse –
Das Nichts und das Sein –
Doch – auch das Nichts ist Sein –
es ist das Unsein im Sein –
es bedingt sich.
Was wäre die Masse ohne das Loch
und das Loch ohne die Masse –

da kommt ihr ins Grübeln –

                    wie - - ?

Ich traf ihn im Frühjahr 1949 nach einer Theatervorstellung der Städtischen Bühnen Erfurt in einer Kneipe vor einem Bier. Er war Gewerkschaftsfunktionär. Er war so etwa um die fünfzig herum. Graues Haar, Falten im Gesicht, müde Augen. Ich neben ihm bei einem Schnaps und Bier. Wir kamen ins Gespräch. Er war zwölf Jahre lang bei Hitler in Zuchthäusern und KZ's. 1945 von den Russen befreit. Nun war er wieder Gewerkschaftsfunktionär, aber alles kam anders als er dachte. Das war nicht mehr sein Kommunismus, nicht mehr sein Sozialismusgedanke. Er fühlte sich verraten, sich und seinen Kampf, seine politischen Hoffnungen. Und er stand auf dagegen. Dafür hatte er nicht durchgehalten bei Hitler. Und nun – er sah mich traurig an mit seinen müden Augen „Nun ist es wieder so weit – morgen, übermorgen wohl oder sehr bald – da holen sie mich zum zweiten Male ab in ihre Zuchthäuser." Und er schenkte mir zum Schluss sein altes Gewerkschaftsabzeichen. Es war für mich mehr Wert als jeder Orden.

Die Ballade vom verratenen Genossen

Wir haben zusammen gekämpft und gelitten,
wir standen Schulter an Schulter
und Fuss bei Fuss in den Betrieben
und auf den Strassen.
Ich war nur einer von vielen.
Ich habe Beiträge kassiert –
natürlich ist vieles dazwischen passiert.
Doch niemals bin ich zurückgewichen.
Das können die Genossen schwören.
Fragt sie nur – ihr werdet es hören.

Nein, nein. Von denen ist keiner mehr da.
Da kam ja plötzlich die Partei –
da war alles vorbei.

Am Hakenkreuz wurden wir aufgehangen –
Das ist lange, lange schon wieder vergangen.
Da war nämlich alles wieder vorbei.
Da gab's sie nicht mehr die braune Partei.
Nun war ich frei.
Aber nun gab es wieder eine Partei,
aber das war ja meine, meine Partei.
Nun war ich frei - -
doch da war die Partei –
                    ja, ja –
                        m e i n e Partei.
Doch sie war nicht mehr meine Partei.
Sie hatten schon wieder den Menschen vergessen
Nun war ich frei –
                von der Partei –
Morgen schliesst mich wieder
eine Zelle ein –
            so muss es sein –
Ich war ja frei –
                von meiner Partei –
Nun werde ich hinter Gittern sterben.
Hitler hat das nicht geschafft,
aber meine Partei –
Wenn ich tot bin –
                bin ich frei –